Luther
kurz & knackig

Martin Luther

Luther

kurz & knackig

Seine originellsten Sprüche

zusammengestellt von Gundula Dittrich
mit Illustrationen von Mathias Wedel

EVANGELISCHE VERLAGSANSTALT
Leipzig

Die Deutsche Bibliothek – Bibliographische Information
Die Deutsche Bibliothek verzeichnet diese Publikation in der
Deutschen Nationalbibliographie; detaillierte bibliographische
Daten sind im Internet über http://dnb.ddb.de abrufbar.

3. Auflage 2009
© 2006 by Evangelische Verlagsanstalt GmbH, Leipzig
Printed in Germany · H 7091
Alle Rechte vorbehalten   ＼
Cover: Ulrike Vetter, Leipzig
Satz: SCHRÖDER DESIGN, Leipzig
Druck und Binden: Fuldaer Verlagsanstalt GmbH & Co. KG

ISBN 978-3-374-02405-6
www.eva-leipzig.de

Inhalt

DIE HEILIGE SCHRIFT	6
DIE KIRCHE	7
DER GLAUBE	10
DER PREDIGER	13
WEISHEIT IM GLAUBEN	15
HILFE UND TAT	16
DIE EHE	17
DIE FAMILIE	19
DIE FRAU	21
DIE JUGEND	25
DIE FREUNDSCHAFT	26
MÜHE UND MUSSE	29
DAS GELD	32
DIE GESUNDHEIT	35
ESSEN UND TRINKEN	37
DER TOD	41
DIE OBRIGKEIT	42
RECHTSPRECHUNG UND WELT	44
DIE WAHRHEIT	45
DIE BESCHEIDENHEIT	46
DIE UNZUFRIEDENHEIT	47
DIE FREUDE	48
DIE GEDANKEN	49
GUTER RAT	50
WEISHEIT IN DER WELT	52
ZUM SCHLUSS	55

Das Buch, mit dem Gott die Welt irr macht

DIE HEILIGE SCHRIFT

Die Heilige Schrift ist ein Fluss,
in dem ein Elefant schwimmen muss
und ein Lamm gehen kann.

❦

Mit dem Buch macht Gott die Welt irr.
Doch ist es ein Wunder, dass dies Buch
erhalten worden ist.

❦

So ist's um die Heilige Schrift bestellt:
Wenn man meint, man habe sie ausgelernt,
so muss man erst anfangen.

❦

Ich habe meine Predigt gesetzt aufs lebendige
Wort; wer da will, möge mir folgen;
wer nicht, der lasse es.

DIE KIRCHE

Man tut besser daran,
wenn man dem Nächsten einen Pfennig gibt,
als wenn man Petrus eine goldene Kirche baut.

Sterbe ich, so will ich ein Geist werden und
die Bischöfe, Pfaffen und die gottlosen Mönche
dergestalt plagen, dass sie mit einem gestorbenen
Luther mehr zu schaffen haben sollen
denn mit tausend lebendigen.

Ich bin kein Waidmann, der Wild jagt.
Ich jag den Papst, Kardinal, Bischof,
Domherrn und Mönch.

Die Lehre, dass man kirchliche Bußstrafen
in Strafen des Fegefeuers umwandeln könne,
ist ein Unkraut, das augenscheinlich gesät wurde,
als die Bischöfe schliefen.

Ich möchte durch die Hand meiner Feinde
umkommen. Mein Tod würde der Kirche mehr
nützen als mein Leben.

Werden wir das Schwert über dem Papst zücken,
so werden wir uns selber treffen.

Ich habe Christus und den Papst aufeinander
gehetzt und bin so zwischen Tür und Angel
gekommen.

Ein Christ kann besser reden,
wenn er voll ist, denn ein Papist,
wenn er nüchtern ist.

DER GLAUBE

Hier stehe ich, ich kann nicht anders.
Gott helfe mir. Amen.

❁

Wenn ich wüsste, dass morgen die Welt unterginge,
würde ich heute noch ein Apfelbäumchen pflanzen.

❁

So sind wir auch von Natur aus dazu geschickt,
gern einen Glauben haben zu wollen,
der Rückversicherungen verlangt.
Wir wollen es gern mit Händen greifen
und in die Tasche stecken.
Aber das geschieht in diesem Leben nicht.

❁

Auf den Glauben folgen die Werke,
gleich wie der Schatten dem Leibe folgt.

Ich habe die fanatischen und
wütenden Schwärmer gern.
Sie bringen sich selbst um.

❦

Wenn es keine Vergebung der Sünden gäbe,
so wollt ich Gott gern zum Fenster hinauswerfen.

❦

Ketzer sind nützlich. Wir wissen nicht,
wie gut es uns ist, Gegner zu haben.

❦

Wenn ich aufwache, so kommt der Teufel bald
und disputiert mit mir, so lang, bis ich sage:
Leck mich.

Gerade aus diesem Grund müssen die Kinder
getauft werden, weil sie noch keine Vernunft
haben, und weil je weniger Vernunft,
umso größer die Empfänglichkeit für den Glauben.

Dass das Volk nicht gar zu heilig werde

DER PREDIGER

Der Prediger steige auf die Kanzel,
öffne seinen Mund,
höre aber auch wieder auf.

Führt der Pfarrer ein anstößiges Dasein,
dann beschweren sich die Bauern,
lebt er untadelig, dann sagen sie:
Wer kann so fromm sein wie unser Pfarrer?
Ich muss meiner Arbeit nachgehen.

Wir Pfarrer sollen wachen,
dass also Zeremonien gemacht
und gehalten werden,
dass das Volk nicht gar zu wild,
noch gar zu heilig werde.

Man soll auf dem Predigtstuhl die Zitzen
herausziehen und das einfache Volk mit
Milch speisen.

✿

Eine lange Predigt ist mir verhasst.

✿

Ein Prediger soll sich nicht wehren.
Darum nehm ich kein Messer mit auf die Kanzel,
sondern allein auf den Weg.

✿

In Kürze wird es an Pfarrern und Predigern so
sehr mangeln, dass man die jetzigen aus der Erde
wieder rauskratzen würde, wenn man sie haben
könnte.

Wenn Gott den Schnuppen hat

WEISHEIT IM GLAUBEN

Das Sakrament ist die Speise der Seele.

❀

Gott kocht die Seinen,
und wenn er es gut mit ihnen meint,
so legt er noch den Deckel darauf,
dass sie so recht im Gebrodel drinstehen.

❀

Nach dem Zeugnis und der Erfahrung
aller Frommen ist die größte Anfechtung,
keine Anfechtung zu haben.

❀

Gott selbst samt seinen Engeln müsste schwer
den Schnuppen haben, um solchen Braten
nicht zu riechen.

HILFE UND TAT

Wer keine Wohltat verlieren will,
der möge nie eine erweisen.

❤

Den Menschen dienen,
den dankbaren sowohl wie auch denen,
die uns nicht danken – das ist ein Mann.

❤

Ein Christ soll wenig Wort und viel Tat machen.

❤

Ein Christenmensch ist ein freier Herr
über alle Dinge und niemand untertan.
Ein Christenmensch ist ein dienstbarer Knecht
aller Dinge und jedermann untertan.

Weil das Bier nach dem Fass riecht

DIE EHE

Der ist ein seliger Mann,
der eine gute Ehe hat,
wiewohl es eine seltsame Gabe ist.

Folgendes sind die Stücke einer Ehe:
Die natürliche Befriedigung des Geschlechtstriebs;
Zeugung und Nachkommenschaft;
Hausgemeinschaft und gegenseitige Treue.

Wenn man heiraten will,
soll man nicht nach dem Vater,
sondern nach dem Ruf der Mutter
des jungen Mädchens fragen.
Warum?
Weil das Bier im Allgemeinen
nach dem Fass riecht.

Wenn die Herzen getrennt sind,
gehen die Hände auch auseinander.

Eheloser Stand,
der Zölibat und Hurerei
sind der Regiment und Welt
Pestilenz und Gift.

Die beste Wolle vom Schaf

DIE FAMILIE

Paulus und Petrus sind erfahrene Leute gewesen;
sie müssen Frau und Kinder gehabt haben.

❦

Liebt eure Weiber, erzieht eure Kinder!

❦

Christus,
da er Menschen ziehen wollte,
musste er Mensch werden.
Sollen wir Kinder ziehen,
so müssen wir auch Kinder
mit ihnen werden.

❦

Vater und Mutter können an ihren Kindern
das Himmelreich, aber auch die Hölle verdienen.

Beischlaf ergibt sich leicht,
auch ohne Ehe.
Aber das schönste Ehepfand sind Kinder.
Es ist die beste Wolle vom Schaf.

❀

Was Vater und Mutter nicht erziehen können,
das erzieht der Teufel.

❀

Gott straft selbst, aber heimlich,
entweder durch Armut,
eine böse Frau,
durch ungehorsame Kinder
und auf viele andere Weise.
Was für eine Strafe wünschst du?

Die Welt kann des Weibervolks nicht entbehren

DIE FRAU

Es ist klar,
dass die Frau für den Haushalt geschaffen ist,
der Mann aber für das öffentliche Leben,
für Kriegs- und Rechtsgeschäfte.

❀

Frauen soll man loben, sei es wahr oder erlogen.

❀

Es ist kein Rock noch Kleid,
das einer Frau oder Jungfrau übler ansteht,
als wenn sie klug sein will.

❀

Wenn ich noch einmal freien sollte,
so wollte ich mir ein gehorsam Weib
aus einem Stein hauen;
sonst hab ich verzweifelt an aller
Weiber Ungehorsam.

Männer haben eine breite Brust und kleine Hüften,
darum haben sie auch mehr Verstand
denn die Weiber, welche enge Brüste haben und
breite Hüften und Gesäß,
da sie sollen daheim bleiben, im Hause sitzen,
haushalten, Kinder tragen und ziehen.

Weiber haben glatte Mäuler,
ebenso auch die Heuchelprediger.

Wohlan,
wenn man dies Geschlecht,
das Weibervolk, nicht hätte,
so fiele die Haushaltung,
und alles, was dazu gehört,
läge darnieder;
darnach das weltliche Regiment,
Städte und die Polizei.
Summa:
Die Welt kann des Weibervolks
nicht entbehren,
nicht einmal wenn die Männer
selber könnten Kinder tragen.

Wenn die Frauen über ihre Haushaltungsfragen
hinaus über öffentliche Angelegenheiten reden,
so taugt das nichts.
Denn wenn es ihnen auch an Worten nicht fehlt, so
fehlt es ihnen doch am richtigen Verständnis
für die Sache – aber sie reden.

Unkraut wächst schnell,
daher wachsen die Mädchen rascher
als die Knaben.

Wie gut Wein und Bier hab ich daheime,
dazu ein schone Frauen,
oder sollt ich sagen Herren.

Vergären und überlaufen

DIE JUGEND

Wenn das Alter stark
und die Jugend klug wär,
das wär Gelds wert.

❦

Älter werd ich, ein Narr bleib ich.

❦

Jugend ist wie ein Most.
Der lässt sich nicht halten.
Er muss vergären und überlaufen.

❦

Wer im zwanzigsten Jahr nicht schön,
im dreißigsten Jahr nicht stark,
im vierzigsten Jahr nicht klug,
im fünfzigsten Jahr nicht reich ist,
der darf danach nicht hoffen.

Von lieber Hand

DIE FREUNDSCHAFT

Gott schütze mich vor meinen Freunden –
wider meine Feinde wehre ich mich selber.

Es ist ein elend Ding,
einen treulosen Genossen zu haben.

Untreue ist auch Dieberei.

❤

Man achtet auch ein geringes Geschenk teuer
und sagt: Es kommt von lieber Hand.
Denn wo Liebe und Freundschaft ist,
da siehet man das Geschenk nicht so sehr an
wie das Herz. Das bringet etwas sehr Gewichtiges
zum Geschenk.

❤

Ein ungerader und tückischer Freund ist viel ärger
denn ein öffentlicher und zorniger Freund

❤

Wer mit dem Geist der Traurigkeit geplagt wird,
der soll aufs höchste sich hüten und vorsehen,
dass er nicht allein sei.

Über den Zaun gucken
hält gute Freundschaft.

Wenn Gott nicht Freund ist,
so hilft kein Freund;
wenn er aber Freund ist,
so liegt nichts daran,
ob niemand Freund ist.

MÜHE UND MUSSE

Gott sorgt,
wir aber sollen arbeiten.

❀

Anstrengungen machen gesund und stark.

❀

Wer eine Stunde versäumt,
der versäumt auch wohl einen Tag.

❀

Es ist die größte Versuchung,
dass niemand seinen Beruf treulich erfüllt,
sondern alle sich der Muße ergeben wollen.

Es ist ein Elend in diesem Leben!
Die in Muße und Wohlstand leben,
wollen nichts schaffen;
und die anderen werden daran verhindert durch
ihre Armut und durch ihre Belastung mit einem
Vielerlei von Geschäften.

❁

Armut ist in der Stadt groß,
aber die Faulheit viel größer.

❁

Wir können nicht hindern,
dass die Vögel um unser Haupt fliegen;
aber wir können verhindern,
dass sie auf unserem Kopf ein Nest bauen.

Man kann Gott nicht allein mit Arbeit dienen,
sondern auch mit Feiern und Ruhen.

❦

Dem Mann wird die Sorge auferlegt,
dass er Arbeit auf dem Hals haben muss,
an der er weder Gefallen noch Freude hat.
Es soll auch keinen Mann geben,
der diesen Schweiß nicht fühlt.

❦

Jedermann schneidet gern die Bretter da,
wo sie am dünnsten sind;
man bohrt nicht gern durch dicke Bretter.

Das allergeringste Ding auf Erden

DAS GELD

Ich fürchte nichts, weil ich nichts habe.

❀

Das Geld macht niemanden fröhlich.

❀

Wer sich mit hundert Gulden nicht ernähren kann,
der ernährt sich auch mit tausend nicht.

❀

Wo reiche Leute sind, da ist alles teuer.

❀

Mit dem Sparen hat man zu lange gewartet,
wenn nichts mehr da ist.

Wer nichts zu reiten hat, der mag gehen.

❀

Ich hab's im Sinn – hätt ich's im Beutel!

❀

Einen Reichen schilt man,
aber gibt ihn um Geld los.
Ein Armer muss herhalten.
Wer nicht Geld hat,
bezahlt mit der Haut.

❀

Reichtum ist das allergeringste Ding auf Erden,
das kleinste Geschenk,
das Gott einem Menschen geben kann.

Es ist eine große Wohltat Gottes,
dass er uns nicht alles gibt,
was wir wünschen;
so würde er uns nämlich
nur Anlass zum Traurigsein geben.

❂

Ein Geiziger kann nichts Besseres tun
als dass er stirbt.

❂

Leihst du, so kriegst du es nicht wieder.
Gibt man dir's wieder,
so geschieht's doch nicht so bald
und so wohl und gut.
Geschieht's aber,
so verlierst du einen guten Freund.

Des Herrgotts Flicker

DIE GESUNDHEIT

Ein armer Mensch ist,
wer von der Hilfe der Ärzte abhängig ist.

❦

Die Arznei macht kranke,
die Mathematik traurige
und die Theologie sündhafte Menschen.

❦

Die Ärzte sind unseres Herrgotts Flicker.

❦

Eine große Gottesgabe ist
ein kundiger und kluger Arzt,
der nicht leicht heute dies,
morgen jenes verordnet.

Soll ich nun krank sein,
so will ich unserm Herrgott zuliebe
und dem Teufel zu Trotz krank sein.

Wenn zu einer Krankheit die Ungeduld kommt,
dann hebt sich des Teufels Freude.

Ich fresse wie ein Böhme

ESSEN UND TRINKEN

Für die Toten Wein, für die Lebenden Wasser:
Das ist eine Vorschrift für Fische.

❀

Wer das Bierbrauen erfunden hat,
der ist ein Unheil für Deutschland gewesen.

❀

Wie kommt's, dass der erste Trunk aus der Kanne
am besten schmeckt?

❀

Ich zech auch.
Es soll mir aber nicht jedermann nachtun;
denn es arbeitet auch nicht jeder so hart wie ich.

Ich fresse wie ein Böhme
und saufe wie ein Deutscher,
das sei Gott gedankt.
Amen.

Sauft, dass euch das Unglück ankomme!

Darf unser Herrgott gute, große Hechte,
auch guten Rheinwein schaffen,
so darf ich auch wohl essen und trinken!

Würden wir einfache Speisen genießen
ohne die ausländischen Gewürze,
die nur den Gaumen kitzeln,
würden wir ohne Zweifel länger leben.

Der ist ein gemarterter Mann,
dessen Weib und Magd
nichts von der Küche verstehen.

❤

Der Wein ist unter allen Früchten auf Erden die
alleredelste in der ganzen Welt, der das Herz des
Menschen erquickt und erfreut!

❤

Dem einen hilft Nüchternheit,
dem andern ein guter Trunk.

Wie die Samenkörner des Löwenzahns

DER TOD

Auf dieser Welt muss entweder bald gestorben
oder geduldig gelebt werden.

❁

Wir sind im Vergleich zum Teufel
wie die Samenkörner des Löwenzahns,
welche die Kinder wegpusten.

❁

Ich esse und trinke, was ich mag,
und sterbe, wann Gott will!

❁

Wenn ich wieder heim gen Wittenberg komme,
so will ich mich alsdann in den Sarg legen und
den Maden einen feinsten Doktor zu essen geben.

DIE OBRIGKEIT

Die Welt ist zu böse und nicht wert,
dass sie viel kluger und frommer Fürsten haben sollt;
Frösche müssen Störche haben.

❁

Fürsten und Herren sind arme Leute.
Darum hat unser Herrgott nicht umsonst befohlen,
die Obrigkeit zu ehren und für sie zu beten.

❁

Junge Regenten meinen,
sie wollen einen Wacken heben wie einen Kiesel.

❁

Die Welt wird nur mit lauterem Wahn regiert.

Ein Fürst ist im Himmel ein seltsames Tier.

Funktioniert die Regierung nicht,
muss das Volk regieren.

Ein trunkener Bauer

RECHTSPRECHUNG UND WELT

Die Welt ist wie ein trunkener Bauer;
hebt man ihn auf einer Seite in den Sattel,
so fällt er auf der andern wieder herab.

Welt ist Welt. Sie liebt weder die Gerechtigkeit,
noch duldet sie sie.

Ein Sprichwort sagt:
Das Recht ist allzeit ein frommer Mann;
der Richter ist oft ein Schalk.

Die Juristen können nur Mücken und Fliegen mit
ihren Gesetzen fangen, aber die großen Hummeln
und Wespen reisen hindurch als durch ein Spinnweb.

Mich kann man wohl bescheißen

DIE WAHRHEIT

Für Heuchelei gibt's Geld genug.
Wahrheit geht betteln.

❀

Die Lüge ist wie ein Schneeball.
Je länger man ihn wälzt, je größer wird er.

❀

Wenn man den Bauern unter die Bank steckt,
ragen doch die Beine vor.

❀

Ich glaub einem jeden,
darum kann man mich wohl bescheißen.

❀

Weißes kann man besser erkennen,
wenn man Schwarzes daneben hält.

Gold bleibt Gold

DIE BESCHEIDENHEIT

Ei, dass der Mensch so willig geneigt und bereit ist,
alle andern zu lehren, nur sich selbst nicht!

Gold bleibt Gold am Halse der Hure;
der Leib der Hure ist gleicherweise Kreatur Gottes
wie der Leib der ehrbaren Ehefrau: So ist die Eitel-
keit zu beseitigen, nicht die Wesenheit.

Niemand soll sich mit Lasten beladen,
die ihn nichts angehen.

Das Pferd möchte pflügen

DIE UNZUFRIEDENHEIT

Gute Tage können wir nicht ertragen,
böse können wir nicht leiden.

❦

Niemand ist mit seinem Los zufrieden.
Das träge Rind möchte gerne einen Sattel aufgelegt
bekommen, das Pferd möchte pflügen.

❦

Wenn Gott sparsamer mit seinen Gaben umginge,
wären wir dankbarer.

❦

Die Gegenwart, so gut und schön sie auch sein mag,
verschmähen wir immer; wir streben nach dem,
was wir nicht haben.

DIE FREUDE

Denn ein Herz voll Freude sieht alles fröhlich an,
ein Herz voll Trübsal alles trübe.

Ein Christ soll ein fröhlicher Mensch sein.

Die Freude ist der Doktorhut des Glaubens.

Die Welt ist voll alltäglicher Wunder.

Sie werden nicht bestraft

DIE GEDANKEN

Gedanken schaden nicht dem Kopf,
sondern dem Herzen.

❁

Es können auch Gedanken wohl alt machen;
dann auch die Arbeit.

❁

Gedanken sind zollfrei,
sie werden nicht bestraft,
wie auch nicht die Begierden,
nämlich bürgerlicherweise,
aber Gott ist ihr Richter.

Gelobe, dir die Nase nicht selbst abzubeißen

GUTER RAT

Tu, was du nicht lassen kannst!

◉

Hüte dich vor einem schlechten Gewissen!
Du weißt noch nicht, was das für ein böser Wurm ist;
er wird dich nagen und beißen dein Leben lang.

◉

Hüt dich vor den Katzen,
vorne lecken, hinten kratzen.

Rede wenig und mach's wahr.
Was du borgst, bezahle bar.

❤

Man soll bauen, als wollt man ewig leben,
und also leben, als sollt man morgen sterben.

❤

Wenn du weislich geloben willst, so gelobe,
dir die Nase nicht selbst abzubeißen;
das kannst du halten.

❤

Vor einem Baum, von dem man Schatten hat,
soll man sich verneigen.

WEISHEIT IN DER WELT

Wes das Herz voll ist, des gehet der Mund über.

Es ist keine Tugend, edel geboren zu werden,
sondern sich edel zu machen.

Wer zur rechten Zeit schelten kann mit rechten
Worten, das ist eine große Kunst.

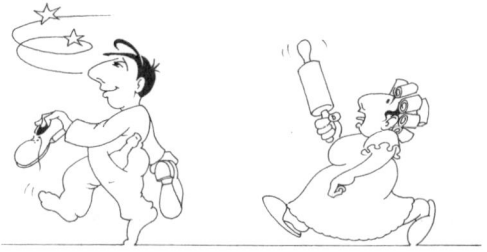

Ich weiß drei böse Hunde:
Undankbarkeit, Stolz, Neid.
Wen die drei Hunde beißen, der ist sehr übel gebissen.

Es ist die größte Torheit,
mit vielen Worten nichts sagen.

Wo ein melancholischer Kopf ist,
da ist dem Teufel
das Bad zugerichtet.

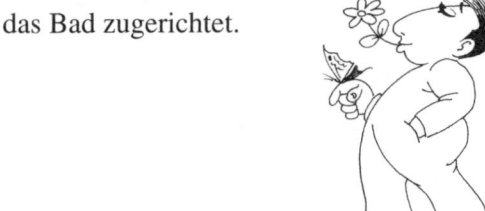

Das ist der Unterschied zwischen Tier und Mensch,
dass dieser auch ein Sonntagskleid hat.

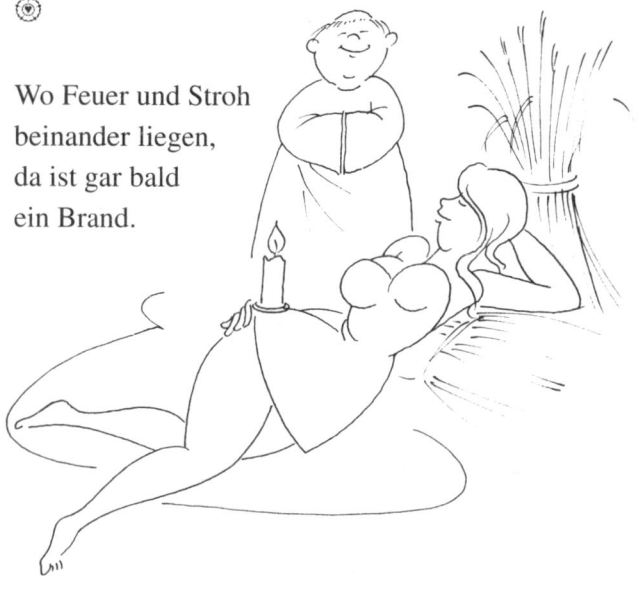

Höchste Knechtschaft und höchste Freiheit,
beides sind höchste Übel.

Wo Feuer und Stroh
beinander liegen,
da ist gar bald
ein Brand.

Fang hinten an

ZUM SCHLUSS

Hier ist Vieh und Stall,
sprach der Teufel
und trieb seiner Mutter
eine Fliege in den Hintern.

❀

Der wollt gerne scheißen,
wenn er Dreck im Bauch hätte.

❀

Wer es riecht, aus dem es kriecht.

❀

Teufel, willst du mich fressen,
fang hinten an.

Verwendete Literatur

Dem Luther aufs Maul geschaut,
Leipzig 1982

Geflügelte Worte,
Leipzig 1985

Harenberg Lexikon der Sprichwörter und Zitate,
Dortmund 2002

Brüllmann, Richard (Hrsg.): Luther-Zitate von A-Z,
Moers 1989

Luther, Martin: Euch stoßen, daß es krachen soll,
Berlin 1983

Luther, Martin: Tischreden,
Berlin 1983

Zitelmann, Arnulf (Hrsg.): Luther für alle Lebenslagen,
Frankfurt am Main 1989